I0901718

# 30 DÍAS HACIA LA VICTORIA A TRAVÉS DEL PERDÓN

## Libros de Tony Evans publicados por Portavoz:

*30 días hacia la victoria a través del perdón*
*30 días para derribar fortalezas emocionales*
*Alcanza la victoria financiera*
*¡Basta ya de excusas!*
*Entre la espada y la pared*
*El matrimonio sí importa*
*Nunca es demasiado tarde*
*Oraciones para la victoria en la guerra espiritual*
*El poder de la cruz en tu vida*
*El poder de los nombres de Dios*
*El poder de los nombres de Dios en la oración*
*Solo para esposas*
*Solo para esposos*
*Sexo... una relación diseñada por Dios*
*Tu destino*
*Victoria en la guerra espiritual*

# 30 DÍAS HACIA LA VICTORIA A TRAVÉS DEL PERDÓN

TONY EVANS

EDITORIAL PORTAVOZ

La misión de *Editorial Portavoz* consiste en proporcionar productos de calidad —con integridad y excelencia—, desde una perspectiva bíblica y confiable, que animen a las personas a conocer y servir a Jesucristo.

Título del original: *30 Days to Victory through Forgiveness,* © 2015 por Tony Evans y publicado por Harvest House Publishers, Eugene, Oregon 97402. Traducido con permiso.



Traducción: Rosa Pugliese



EDITORIAL PORTAVOZ
2450 Oak Industrial Drive NE
Grand Rapids, MI 49505 USA
Visítenos en: www.portavoz.com

ISBN 978-0-8254-5675-6 (rústica)
ISBN 978-0-8254-6513-0 (Kindle)
ISBN 978-0-8254-8662-3 (epub)

1 2 3 4 5 edición / año 25 24 23 22 21 20 19 18 17 16

*Impreso en los Estados Unidos de América*
*Printed in the United States of America*

# Contenido

## Semana 3
## Pasos hacia el perdón



## Semana 4
## Evaluaciones del perdón



## Conclusión

# Introducción

Hace algunos años contraje la gripe. Rara vez enfermo, pero en esta ocasión duró una semana. El domingo por la mañana caminé tambaleando hasta el armario, me puse lo primero que encontré y llegué hasta el garaje.

Mi esposa Lois me vio sentado en el auto con aspecto febril y débil, y me dijo: "Tony, te lo ruego, quédate hoy en casa". En casi cuatro décadas como pastor, nunca falté un domingo por enfermedad. Pero esa vez, ella tenía razón. No estaba en condiciones de conducir hasta la iglesia, y mucho menos de predicar dos sermones de una hora.

La gripe que esa semana se apoderó de mi cuerpo y me tuvo postrado ilustra lo que puede hacer en tu vida la falta de perdón. Puede controlar tus decisiones y tus actos.

Llevar la carga del ayer puede consumir tu energía hasta no permitirte vivir la vida que Dios tiene reservada para ti. Es como cargar con tus pertenencias en varias bolsas y mochilas cuando viajas, en vez de tirar sin esfuerzo de una maleta con ruedas. La cantidad de bultos podría ser la misma, pero la forma de transportarlos determina el cansancio que sientas, tu velocidad al caminar y la facilidad para subir y bajar escaleras. Si acumulas demasiadas mochilas sobrecargadas, te inmovilizas.

Si tu vida es así, anímate, porque Dios ve tu agotamiento y cómo te tambaleas, cuando deberías estar corriendo. Te ve juntando cosas en vez de expresar plenamente tus dones y habilidades. Ve que cargas más de lo que puedes llevar. Con solo descansar en Él, te mostrará cómo moverte por la vida sin tanto esfuerzo.

No prediqué aquel domingo que estuve enfermo, pero sí atendí al sabio consejo de mi esposa. Salí del auto, volví a la cama y enseguida me quedé dormido. Durante la semana siguiente, me alimenté de la comida sana que ella me preparó y seguí las instrucciones del médico. Como consecuencia, mejoré. El domingo siguiente, estaba otra vez en el púlpito.

Dios tiene un plan para tu vida y también para tu energía. Puede llevar tiempo y sin duda requerirá disciplina. Debes descansar en Él y alimentarte de la comida saludable que Él ha preparado para ti, como la sabiduría de su Palabra y los momentos de intimidad con Él. Si lo escuchas y le obedeces, te restaurará y te dará fuerza para vivir como Él ha destinado que vivas.

En cuarenta años de consejería a personas que viven en derrota, he comprobado que la falta de perdón ha sido el problema más común. Todos necesitamos perdonar en algún momento. La falta de perdón afecta a todos y suele impedir que las personas cumplan el plan de Dios para sus vidas. Por eso me apasiona compartir contigo estos principios durante el transcurso del próximo mes. Es hora de ser libre.

Semana 1

# CONSECUENCIAS DE LA FALTA DE PERDÓN

Día 1

# LAS CARGAS DEL PASADO

Se cuenta la historia de dos hermanos devotos que viajaban juntos y tenían que cruzar un río. Una anciana corpulenta estaba sentada en la orilla del río esperando que alguien la ayudara a cruzar.

El río era ancho, así que los hermanos decidieron turnarse para cargar con la mujer. Uno de ellos la llevó a la espalda hasta la mitad del río y el otro cargó con ella el resto del trayecto. La mujer les agradeció tan generosa ayuda, y se despidieron.

Al seguir su camino, el primer hermano empezó a quejarse de dolor de espalda. El segundo le aseguró que no era nada. Pero poco después, el primero empezó a quejarse de nuevo y tuvo que detenerse a descansar.

El segundo hermano preguntó:

—¿Por qué te detienes?

—La espalda —dijo el primero—. Me duele de llevar a esa mujer. ¿A ti no?

—No —respondió el segundo—. La solté tres kilómetros atrás.

El primer hermano seguía agobiado por el peso de la mujer, aunque hacía mucho que ella se había ido. Seguía sintiendo el peso de ella en su espalda.

Al seguir pensando en la carga que había llevado, era incapaz de seguir con su camino y llegar a su destino.

**EL TIEMPO NO CURA TODAS LAS HERIDAS, PERO DIOS SÍ PUEDE.**

La falta de perdón es como una carga que llevas a la espalda. Aunque la ofensa haya pasado hace mucho tiempo, puede seguir lastrándote e impidiendo que llegues a tu destino. Quedarte atrapado en el dolor del pasado puede inmovilizarte. Las cargas del ayer pueden agobiarte hoy e impedir que alcances un mañana mejor.

Estoy seguro de que esto no te sorprende. Las dolorosas experiencias del pasado pueden cargar fácilmente tu corazón, tu mente, tu alma y tu cuerpo. Son heridas que podrían remontarse a tu lejana infancia o a la semana pasada.

He asesorado a centenares de personas y he visto un patrón de dolor repetido que aflora desde el pasado. La mayoría de las veces pertenecen a la niñez o a los primeros años de adultez. El tiempo ha seguido avanzando, pero la sanidad no ha progresado al mismo ritmo. Es difícil desprenderse de los recuerdos y de sus impactos.

Algunas personas dicen que el tiempo sana todas las heridas, pero yo no estoy de acuerdo. He visto a demasiadas personas cargar con demasiadas heridas durante demasiado tiempo. Por otra parte, he visto a otras sanar de heridas profundas en un tiempo relativamente breve. El tiempo no cura todas las heridas, pero Dios sí puede. Cuando alineas tu perspectiva del dolor con la de Dios, tú también puedes experimentar sanidad. El primer paso para la victoria por medio del perdón consiste en reconocer que Él siempre tiene un propósito para tu dolor. Por tanto, no necesitas llevar las cargas del pasado. Puedes soltarlas.

Día 2

# Desechos putrefactos

El *Pelícano* fue el barco más desagradable del mundo. Durante más de dos años navegó en alta mar: el *holandés errante* del siglo XX.

Honduras, Costa Rica, Guinea-Bisáu, Cabo Verde, las Bahamas y otros muchos países le negaron la entrada a sus puertos. Deambuló por el Caribe, cruzó el Atlántico hasta el Oeste de África, surcó el Mediterráneo y el océano Índico. Solo se le permitía estar en un puerto el tiempo de recargar combustible. Durante esos años, el *Pelícano* cambió dos veces de nombre y una vez de dueño.

El rechazo generalizado hacia *Pelícano* empezó en 1986, cuando los trabajadores sanitarios de Filadelfia se pusieron en huelga durante un mes. Al acumularse la basura, la ciudad intentó enviarla a Ohio y Georgia, pero esos estados se negaron rotundamente. Filadelfia acabó incinerando la basura y se deshizo de 14 millones de kilos de desechos y cenizas —incluidas sustancias tóxicas, como arsénico y plomo— en la bodega de un barco, posteriormente llamado *Pelícano*.

Ningún puerto del mundo quería saber nada de este barco.

No viví personalmente la huelga de Filadelfia, pero experimenté una situación similar cuando viajé con mi esposa a Venecia. Veíamos (y olíamos) montones de basura por toda la ciudad. Las calles, ya angostas, estaban también plagadas de basura. El olor de aquellos callejones era insoportable.

Cuando preguntamos qué estaba sucediendo, nos enteramos de que los basureros de Venecia estaban en huelga.

Sobra decir que guardo muy pocos recuerdos gratos de ese viaje. El hedor de los desechos de otras personas afectaba a todos, incluidos nosotros. Es difícil disfrutar de la belleza de la exquisita arquitectura de la ciudad y de la serenidad del paseo en góndola por sus canales con un olor tan horrible.

**LA FALTA DE PERDÓN CONTAMINA LA ATMÓSFERA PURA Y FRESCA DEL AMOR A DIOS Y AL PRÓJIMO.**

La falta de perdón puede producir lo mismo en tu vida. Cuando lo descuidas y permites que se acumule, empieza a afectar todo lo que haces y a todos los que te rodean. La falta de perdón contamina la atmósfera pura y fresca del amor a Dios y al prójimo. Las palabras amables se tornan mordaces. Las expresiones de generosidad están supeditadas a las expectativas y las demandas. La dulzura se mezcla de amargura.

En otras palabras, ya no puedes ser la persona amorosa que Dios diseñó. Por el contrario, los desechos putrefactos del pesar, la vergüenza y el enojo envenenan el aire y dificultan tus relaciones, tu vida laboral y otros ámbitos de tu vida. Por eso es tan importante el perdón. Restaura a la persona que te lastimó, te libera del remordimiento y te permite recuperar la vida que Dios diseñó para ti.

Día 3

# De la tragedia al triunfo

A veces la vida tiene intención de descargar su basura sobre nosotros, ¿verdad? Podríamos sentirnos como el *Pelícano*, cargados con los desechos tóxicos de las malas decisiones (de otros o propias).

Los penetrantes vapores de la ira, la culpa, el pesimismo, el temor y la amargura alejan a otros de nosotros, y navegamos sin rumbo, como el *Pelícano*. Entramos y salimos de relaciones, situaciones, trabajos... para descubrir que solo nos aceptan el tiempo de cargar un poco de combustible, y nada más. Nadie quiere nuestra basura.

Vivir así te agota, y el cansancio dicta cómo te sientes y lo que harás. Cuando estás exhausto, no puedes relajarte. No te sientes a gusto contigo mismo, pierdes la paz y dejas de ser confiado, libre, atento y generoso.

Sin embargo, cuando empiezas a experimentar la victoria a través del perdón, vuelves a descubrir la belleza de ser la persona que Dios diseñó. Ves cómo Dios transforma tu caos en un milagro. Te percatas de que está cambiando tu tragedia en triunfo, tu carga en bendición.

Es parecido a lo que acabó sucediéndole al *Pelícano*. Nadie sabe exactamente dónde está el barco hoy, pero se cuenta que fue finalmente retirado de servicio.

**CUANDO EMPIEZAS A EXPERIMENTAR LA VICTORIA A TRAVÉS DEL PERDÓN, VES CÓMO DIOS TRANSFORMA TU CAOS EN UN MILAGRO.**

Como con la mayoría de los barcos de su tamaño, una vez cumplido su cometido fue reciclado como chatarra. Partes de su casco podrían encontrarse hoy en un automóvil que transporta a una familia feliz por la India. Fragmentos de su cubierta podrían componer la carrocería de un tractor que ara un campo de maíz en Ohio. Porciones de su proa podrían encontrarse en el pupitre de un alumno de Nueva Jersey o en los módulos de juegos de un patio de recreo. Y fracciones de su rompeolas podrían formar parte de un puente sobre una bahía.

Dondequiera que esté el *Pelícano*, ya no lleva esa carga. Por ello, fue liberado para llegar a ser más de lo que nadie hubiera imaginado jamás.

Se convirtió en una bendición y ya no es una carga.

Dios quiere que tú también seas una bendición para quienes te rodean, para Él y para ti mismo. Pero eso solo podrá suceder cuando des los pasos necesarios para perdonar de verdad.

Día 4

# El dolor del pasado

Si Satanás puede convencerte para que te enfoques en tu pasado, puede evitar que cumplas el designio divino para tu vida. Sin embargo, Dios te invita a pensar en tu futuro (Jer. 29:11). El enemigo dice: "¡No puedes, por el daño causado!". Pero Dios dice: "¡Tú puedes, a pesar de todo!". El enemigo te define por tu pasado para confinarte. Pero Dios, señalándote tu futuro, te liberará y te mostrará quién eres realmente.

Amigo, nunca permitas que tu pasado te impida avanzar hacia tu futuro. Aprende del ayer, pero no vivas en el pasado.

Los israelitas lucharon con esto tras escapar de 430 años de dominación en Egipto. Habían salido de allí, pero Egipto no los había dejado. Cuando enviaron espías a la tierra prometida, estaban al borde del precipicio de un mañana glorioso. Pero decidieron centrarse en la aflicción del pasado y no en los retos del futuro, y no avanzaron. Consideraron la vida por el espejo retrovisor y no a través del parabrisas de la oportunidad.

Dios había liberado a los israelitas *de* su pasado (Egipto) y los llevó *a* su futuro (Canaán). Sin embargo, escogieron enfocarse en el ayer y perdieron la oportunidad. En consecuencia, vagaron por el desierto durante cuarenta años, el tiempo suficiente para que Dios los desconectara de su pasado.

Para muchos de nosotros, el futuro nunca llega porque estamos atados a nuestro pasado. Cargamos con tanto equipaje del pasado, que apenas podemos vivir el presente, y mucho menos avanzar a nuestro futuro. Tal vez sufriste una ofensa hace mucho tiempo, pero si todavía estás luchando por perdonarla, te está reteniendo.

Los israelitas estaban amarrados a su pasado, porque no habían podido soltarlo para seguir adelante. Cuando salieron de Egipto, pudieron haber llegado a Canaán en treinta y cinco días, pero el viaje duró cuarenta años, porque seguían mirando atrás.

**PARA EXPERIMENTAR LA VICTORIA A TRAVÉS DEL PERDÓN, ASEGÚRATE DE CURAR TUS HERIDAS.**

¿Te suena? ¿Sientes que a estas alturas deberías haber avanzado más en tu vida... en tu carrera laboral, tus relaciones, tu familia, tus finanzas o tu bienestar emocional y espiritual? Si es así, fíjate dónde estás mirando. ¿En el espejo retrovisor o en el parabrisas?

¿Cómo lo puedes saber? Aquí tienes una forma. ¿Sueles pensar: *¿Y si...?* o *¿por qué...? o si solo pudiera...?*

Podría temer que, por lo que te ocurrió, jamás recuperarás la esperanza que tuviste una vez. Podrías temerle a que alguien te haya enredado demasiado, te haya robado la inocencia o echado por tierra tu futuro.

El pasado es real, no se puede negar. Pero asegúrate de no mirarlo tanto que te pierdas el hoy y, así, se atenúe la luz de tu mañana.

Cuando alguien peca contra ti o cometes pecados que lamentas, tu alma queda herida. Si dejas la herida sin tratar, la llaga se infectará y el dolor aumentará. Si alguien te roza accidentalmente, saltarás de dolor y lo agredirás.

Para experimentar la victoria a través del perdón, asegúrate de curar tus heridas. Déjalas sanar y en vez de centrarte en las cicatrices del pasado, enfócate en tu nuevo comienzo. Es un día nuevo. Vívelo. Ve paso a paso. Momento a momento. Vive en el perdón del presente, no en el dolor del pasado, y paso a paso avanzarás hacia un futuro victorioso.

Día 5

# La fe que mueve montañas

¿Cómo escalas una montaña? Paso a paso.

El perdón es algo muy parecido. Es un proceso largo con pequeñas victorias en el camino. Podrías sentir que has perdonado a alguien o a ti mismo, y de repente surgir algo que desencadena las emociones genuinas del enojo, la amargura, el temor y el remordimiento. Quiero animarte: si te ocurre esto, no te des por vencido. Sigue escalando, paso a paso. Al final, llegarás. Es un proceso.

Sin embargo, hay montañas que Dios no quiere que escales, sino que las muevas.

Tal vez estés afrontando una situación imposible en tu vida, una circunstancia que parece insuperable. No puedes resolverla ni cambiarla, y por mucho que te esfuerces, no logras ver una luz al final del túnel. No puedes escalar esa montaña ni excavar para atravesarla. Te sientes atascado frente a ella.

Tu situación infranqueable puede ser laboral o relacional. Podría estar relacionada con tu salud o con un vicio personal que intentas vencer. Sea lo que sea, parece demasiado alto, demasiado ancho, demasiado denso y demasiado escarpado para conseguirlo. La Biblia usa una montaña para ilustrar una situación que no puedes resolver, una batalla que no puedes ganar o un dolor que no puedes mitigar (Zac. 4:7).

Cuando Jesús nos enseñó a orar, dijo que la fe del tamaño de una semilla de mostaza podría mover una montaña (Mr. 11:22-24). Después nos indicó por qué no estamos moviendo nada con nuestras oraciones. En los siguientes versículos de Marcos 11 leemos:

> "Y cuando estéis orando, perdonad, si tenéis algo contra alguno, para que también vuestro Padre que está en los cielos os perdone a vosotros vuestras ofensas. Porque si vosotros no perdonáis, tampoco vuestro Padre que está en los cielos os perdonará vuestras ofensas" (vv. 25-26).

Si todavía no has superado la montaña que tienes en frente en este momento, el perdón es la clave para la victoria.

Antes de que Dios pueda empoderarte para mover las montañas a las que te enfrentas, debes perdonar. La condición para moverlas es que tu relación con Dios sea pura y, por lo general, esto depende del perdón. Nada bloquea el fluir del poder de Dios en tu vida como la falta de perdón.

Esta es la idea en la que quiero que te centres hoy: tienes una montaña en tu vida y quieres que Dios la mueva de forma sobrenatural. Y Él lo hará, pero con una condición. Jesús nos dice que debemos perdonar a los demás para experimentar el perdón relacional con Dios.

Ten en cuenta que no me estoy refiriendo al perdón en términos legales ni a la salvación que Cristo aseguró en la cruz. Así como puedes estar legalmente casado, pero tener una relación desdichada, también puedes experimentar el perdón legal (la salvación) sin el perdón relacional (intimidad con Dios).

**LA FE QUE PERDONA ES LA QUE MUEVE MONTAÑAS.**

Esto funciona así: cuando tú perdonas a otros, Dios te ofrece su perdón relacional. Cuando experimentas esa cercanía con Dios, el canal está abierto para que oiga y conteste tus oraciones... hasta la de mover la montaña en tu vida.

De modo que la fe que perdona es la que mueve montañas. Es creer que Dios es soberano y que usa las experiencias dolorosas para tu bien. Cuando no perdonas a alguien, revelas que no crees que Dios tuviera un propósito con ese dolor.

"Perdón" es una bella palabra cuando alguien te lo está concediendo, pero no tanto cuando te toca perdonar a ti. Dios nos ha otorgado mucho más perdón del que tendremos que dispensar jamás. De modo que si no somos capaces de perdonar a otros, es evidente que existe una brecha en nuestra comunión e intimidad con Dios. Por el contrario, si meditamos en el increíble perdón que Él nos ha ofrecido, tendremos un profundo pozo de perdón que compartir con otros.

> "Y perdónanos nuestras deudas, como también nosotros perdonamos a nuestros deudores" (Mt. 6:12).

Para recibir el perdón relacional de Dios —y la fe que mueve montañas— aprende a perdonar.

Día 6

# UNA CELDA DENTRO DE TU PROPIO CORAZÓN

¿Cuáles son algunas de las cosas necesarias para experimentar la victoria a través del perdón? Ya hemos considerado algunas esta semana.

- Reconoce el daño que puedes causar si vas por ahí cargando con tu dolor. La falta de perdón apaga tu gozo, te frena, crea distancia entre Dios y tú, y te impide entrar en su destino para tu vida.
- Reconoce tu dolor. Es real y fuerte, y merece ser tratado.
- Recuerda que la falta de perdón afecta a quienes te rodean aunque no lo pretendas. Tus heridas infectadas llenan la atmósfera que te rodea con el hedor de la falta de perdón.
- Observa cómo el perdón te ayuda a mantener sanas todas tus relaciones. Te libera para que pases por alto las pequeñas ofensas, y compartas amor y generosidad.
- No permitas que el peso del ayer estropee el hoy y el mañana.

Cuando alguien te hiere y escoges no perdonarlo, lo encierras en una celda dentro de tu propio corazón. El problema es que tú también estás allí con él. Para salir del confinamiento de la amargura y el resentimiento, es necesario que liberes también a esa persona.

La lectura de mañana tiene por título: "Oraciones y prácticas". Incluye una oración guía relacionada con lo aprendido esta semana. Tómate unos minutos para añadir tu propia oración. Habla con Dios sobre lo aprendido o sobre lo que te haya sucedido y necesites perdonar.

Después de la oración, he enumerado algunos pasos prácticos que puedes tomar esta semana en tu viaje hacia la victoria, a través del perdón.

A partir de la próxima semana, veremos tres clases de perdón: personal, unilateral y transaccional. Cada uno es importante a su manera.

Día 7

# ORACIONES Y PRÁCTICAS

*Padre amado, he estado cargando demasiado tiempo con este peso de la falta de perdón. Ha agobiado mi alma y me ha robado la fuerza y el gozo que tú me has hecho experimentar. He perdido horas y días en amargura soportando y repitiendo en mi mente los sucesos del pasado. No quiero seguir viviendo así. Sé que esto está creando distancia en mi relación contigo y causando fricción en mis demás relaciones. Únete a mí, te ruego, en este viaje de liberación. Abre mi mente y mi corazón para entender tu verdad. Dame la disposición para aplicar los principios y el poder para perdonar.*

*Necesidades y peticiones de oración*

## *Mi propia oración*

______________________________________________

______________________________________________

______________________________________________

______________________________________________

______________________________________________

______________________________________________

## *Pasos prácticos*

1. Anota varias relaciones o ámbitos de tu vida en las que necesitas perdonar. ¿Cómo ha afectado la falta de perdón tu manera de relacionarte con otros o tu forma de aguantar?

2. Menciona dos de tus sueños o anhelos, aunque hayas renunciado a ellos. Experimentarlos ahora podría parecer tan imposible como mover una montaña. Aun así, escríbelos y recuérdalos en tu caminar por este proceso del perdón. Estas son tus metas. La victoria a través del perdón puede ayudarte a alcanzarlas.

3. Escoge a alguien a quien necesites perdonar. Cada día de la próxima semana, eleva una simple oración para que Dios bendiga a esa persona. Siéntete libre de agregar más personas a esta lista si lo deseas.

## Semana 2

# CLASES DE PERDÓN

Día 8

# EL CAOS ALREDEDOR DE TI

Hace algún tiempo, Lois y yo hicimos un viaje muy esperado a Hawái. Durante varios meses habíamos tenido un intenso horario de trabajo y ansiábamos disfrutar de un poco de paz, tranquilidad y descanso. Estábamos impacientes por contemplar las vistas refrescantes y escuchar el sonido relajante del mar. Estaba previsto que predicara en una conferencia en Hawái, así que aprovechamos la ocasión para añadir unos cuantos días de vacaciones después del evento. Lo necesitábamos. Cuando embarcamos en nuestro vuelo, estábamos cansados y exhaustos, pero sabíamos que una vez allí, todo iría bien.

Nos equivocamos.

Unos minutos después de desempacar, descubrimos que el hotel donde nos alojamos pasaba por una importante renovación. Nadie nos lo había comunicado. Los martillazos y los chirridos de las sierras eléctricas eran incesantes desde temprano por la mañana hasta bien tarde. Sobra decir que el ruido ahogaba el sonido de las olas del océano y nos distraía de lo que habíamos ido a hacer: descansar y recuperarnos para seguir adelante fortalecidos.

Para colmo, hacia el final de un viaje ya caótico, me puse tan enfermo que tuvieron que llevarme al hospital a toda prisa. Nunca me había sentido tan mal. Doblado de dolor durante el frenético traslado al hospital, pensé: *Se supone que Hawái no es así.* Fue espantoso. Tuve que permanecer un par de días en el hospital, ¡pero al menos estaba lejos del ruidoso hotel!

**El caos, sea tuyo o de otro, te distrae, te nubla la visión y ralentiza tu progreso.**

Cuando Lois y yo embarcamos en el avión de regreso a Dallas, estábamos mucho peor que cuando emprendimos el viaje.

¿No es sorprendente lo que puede provocar en ti el caos ajeno? Puede impedirte disfrutar de la belleza que te rodea y de recibir las fuerzas que necesitas. Asimismo, también es increíble ver los problemas que puede causar tu propio caos.

El caos, sea tuyo o de otro, te distrae, te nubla la visión y ralentiza tu progreso. Como el bebé llorón en un avión, absorbe tu energía y la atención que intentabas dirigir a otra cosa.

Básicamente, el pecado es un caos, tanto si necesitas perdonar a quien haya pecado contra ti o a ti mismo por tu propio pecado que está generando culpa y vergüenza. Y el caos tiene una manera de impedirte ser todo aquello que Dios ha diseñado que seas.

Por eso es tan importante el perdón. Cuando perdonas, te liberas del caos que hay a tu alrededor y en ti.

Día 9

# ¿QUÉ ES EL PERDÓN?

Antes de poder considerar las diferentes clases de perdón, es necesario aclarar qué es el perdón. Es importante, porque muchas personas desconocen simplemente lo que es y si lo han ejercido, y esta confusión causa problemas. He asesorado a muchos que dicen haber perdonado, pero sus palabras y sus actos dicen otra cosa.

Para experimentar la victoria a través del perdón, debemos definirlo y vivirlo correctamente. El perdón bíblico es la decisión de...

- no buscar venganza contra el ofensor;
- liberar al ofensor de toda deuda;
- cancelar la culpa que merece el ofensor.

Ten en cuenta que el perdón es, primero, una decisión y no una emoción. No se trata de lo que tú sientas, sino de tu elección de no mantener un crédito deudor por una ofensa o una culpa contra el ofensor (aunque se trate de ti mismo).

La mejor base bíblica para esta definición de perdón se encuentra en 1 Corintios 13:5, donde descubrimos que el amor "no guarda rencor" (NVI).

Esto no significa que el amor justifique lo malo (permitir), lo ignora (negar), lo excusa (racionalizar) o finge que no pasó (mentir). Como la esposa de un alcohólico sigue limpiando el desorden causado por el caos de la noche anterior, estas respuestas inadecuadas solo cierran la puerta a la sanidad y abren otras para que continúe la ofensa (el pecado). Eso no es amor.

**EL PERDÓN ES, PRIMERO, UNA DECISIÓN Y NO UNA EMOCIÓN.**

Amar significa no guardar rencor. Así es el perdón de Dios. No olvida el pecado, pero no mantiene el resentimiento. No estamos en deuda con Él ni se nos requiere pagar algo que no podemos.

Esto no siempre significa que seguirás teniendo la misma relación que tenías antes que esa persona te ofendiera, sino que no lo tendrás en cuenta. Esto libera tu corazón de las peligrosas emociones del enojo, la venganza, la culpa o la vergüenza. En vez de ello, los amas. Aunque la reconciliación no sea posible, puedes amar a esa persona hablando bien de ella y llevándola al Señor en oración.

¿Qué necesitas perdonar? ¿Acaso es un caos ajeno el que se extiende a tu vida (como el proyecto de renovación del hotel) o tu propio caos (como la enfermedad que me llevó al hospital)? De todas formas, deja atrás el caos ofreciendo tu perdón y serás libre para seguir buscando tu destino. Es hora de perdonar.

Día 10

# El planteamiento correcto

Un pajarillo volaba hacia el sur para escapar del invierno, pero el aire se volvió tan frío que empezó a congelarse y no pudo seguir viaje hacia un clima más cálido. El pajarillo cayó en medio de un gran campo donde pastaba un rebaño de vacas. Finalmente, vino una vaca y depositó estiércol sobre el pequeño pájaro pasmado de frío. Al principio, el pajarito se enojó mucho, pero después se dio cuenta de lo calentito que era el estiércol. El pajarillo no tardó en descongelarse y, al recuperar su energía, empezó a cantar de gozo.

Justo cuando empezaba a cantar, un gato que pasaba por allí oyó el canto alegre del pájaro. El felino siguió el canto hasta una pila de estiércol, descubrió al pajarito y se lo comió.

De esta fábula podemos aprender tres lecciones. Primero, no todo aquel que te echa estiércol es tu enemigo. Segundo, no todo aquel que te saca de allí es tu amigo. Por último, cuando estás tapado de estiércol, es mejor que mantengas la boca cerrada.

El perdón es, a menudo, un poco de todo. Rara

vez es claro. Por lo general, no sabemos exactamente quién hizo qué parte, hasta qué grado y cuánto contribuyó a la situación.

En ocasiones, los demás te lastiman sin querer ¡y ni siquiera son conscientes de haberlo hecho! Por lo general, son malentendidos o diferencias de valores y de puntos de vista.

**NO TODO AQUEL QUE TE ECHA ESTIÉRCOL ES TU ENEMIGO.**

A veces crees que alguien te está ayudando (como el gato que desenterró al pajarito), para descubrir que, en realidad, no era así. Son momentos de traición. Confiaste en alguien y, de alguna manera, te engañó, revelando un motivo ulterior. Incluso puedes sentir que Dios te ha traicionado contradiciendo su Palabra, que dice que te ama y que cuida de ti. Cuando lo comparas con el dolor que hay en tu vida, te sientes confuso.

A veces hablamos cuando no deberíamos. Lo hacemos antes de tiempo, somos impulsivos, reaccionamos con temeridad, sacamos conclusiones precipitadas... por alguna razón, empeoramos las cosas (como el pajarito). O criticamos y calumniamos a quienes nos lastiman, creando así mayor discordia y confusión.

Podemos interpretar lo que nos sucede en la vida de varias maneras y escoger entre una amplia gama de respuestas. Para experimentar la victoria a través del perdón, es necesario comprender que existen tres clases diferentes de perdón, y así poder aplicar el planteamiento correcto en cada situación. Los tres tipos de perdón son personal, unilateral y transaccional.

Día 11

# El perdón personal

Podría sorprenderte descubrir que empezamos por el *perdón personal,* o perdonarte a ti mismo. En realidad, la falta de perdón personal (que produce culpa y vergüenza) es una de las formas más prevalentes de no perdonar que observo en las personas a las que asesoro. La vergüenza y la culpa pueden desviarte más que cualquier otra cosa, en la persecución del propósito de Dios para tu vida. Estas dos cosas dan a menudo lugar a lidiar con mecanismos que, a su vez, llevan a una mayor falta de perdón personal. La espiral descendente se profundiza con el tiempo.

La falta de perdón personal también nos roba la confianza y el valor que requiere la vida de fe cristiana. El Señor se mueve con frecuencia en respuesta a nuestras oraciones de fe en Él. Si estás atado por la vergüenza y la culpa, no te acercarás a su trono con valentía para pedir sabiduría, dirección y bendición, aunque Él te invite a hacerlo (He. 4:16). En vez de ello, retrocederás, porque supones que Dios debe de estar decepcionado y enojado contigo. Y si es así, te preguntas: ¿por qué querría escucharme?

El apóstol Pablo nos da un maravilloso ejemplo

de perdón personal. Si alguien debería haberse retenido de buscar lo mejor de Dios para su vida, era Pablo. Después de todo, solía asesinar a cristianos por deporte. Leemos: "Doy gracias al que me fortaleció, a Cristo Jesús nuestro Señor, porque me tuvo por fiel, poniéndome en el ministerio, habiendo yo sido antes *blasfemo, perseguidor* e *injuriador*" (1 Ti. 1:12-13).

> **NO PERDONARTE A TI MISMO ES CRUCIFICAR A CRISTO UNA Y OTRA VEZ.**

Pablo había hecho todo lo puedas imaginar y más. De hecho, él mismo dijo que era el peor de lo peor. "Palabra fiel y digna de ser recibida por todos: que Cristo Jesús vino al mundo para salvar a los pecadores, *de los cuales yo soy el primero*. Pero por esto fui recibido a misericordia, *para que Jesucristo mostrase en mí el primero toda su clemencia*, para ejemplo de los que habrían de creer en él para vida eterna" (vv. 15-16). Pablo es un ejemplo para todos nosotros.

En otras palabras, si Cristo pudo perdonar a Pablo, amarlo y usarlo de una manera extraordinaria para su reino y para el bien de otros, puede hacer lo mismo con cualquiera. No hay pozo demasiado hondo, pecado demasiado grave ni pensamiento demasiado espantoso que pueda alejar a alguien de la abundante gracia, fe y amor que hay en Cristo Jesús (v. 14).

Amigo, Jesús murió por ti en la cruz para perdonarte. Asumió tu castigo para que puedas vivir libremente en su perdón. No perdonarte a ti mismo es crucificar a Cristo una y otra vez. Es insultar su sacrificio y declarar que no fue suficiente. Esto me suscita una pregunta. Si la muerte de Cristo fue suficiente para que Dios te perdonara, ¿no lo es que te perdones tú?

Si luchas en este ámbito de falta de perdón personal, uno de tus mayores actos de fe podría ser arrodillarte y pedirle al Señor que te bendiga. Tal vez no creas merecer su misericordia, su gracia y su bendición (¿y quién los merece?). Pero Él anhela dártelas. Murió para eso. ¿No quieres tomarte unos minutos ahora e inclinarte delante de Él para pedirle que te bendiga, que te dé su sabiduría, su gracia, su amor y la libertad de saber que nada de lo que hayas hecho jamás te puede separar de su bondad y cuidado?

No intentes cubrir tus remordimientos pasados con otros nuevos. Más bien confiésalos, suéltalos y avanza hacia la gracia abundante y la victoria que Dios tiene para ti.

Día 12

# El perdón unilateral

Cuando perdonas a alguien que no te ha pedido perdón y que tal vez ni siquiera se ha arrepentido de su ofensa, estás ofreciendo *perdón unilateral.* Le estás concediendo el perdón por tu cuenta, de manera unilateral o sin su participación.

¿Por qué perdonarías a quien no te lo ha pedido y, probablemente, no se lo merezca? Esta es la razón principal: no lo perdonas para liberarlo a él, sino a ti mismo. Lo haces para poder seguir adelante. El perdón unilateral te libera de algo que la otra persona quizás no corrija nunca. Es lo que Dios hizo en la cruz al no tomarles "en cuenta a los hombres sus pecados" (2 Co. 5:19).

Hay otras razones para perdonar unilateralmente. La ofensa podría ser tan pequeña que no valga la pena confrontar a la otra persona. Tal vez el ofensor haya fallecido o no puedas contactarlo. Quizás el ofensor no se arrepentirá ni se disculpó, o ni siquiera reconoce lo que ha hecho.

En situaciones como estas, si no puedes perdonar unilateralmente, eres tú quien queda como rehén y no el ofensor. Se dice que negarse a perdonar es como tomar veneno y esperar que la otra persona muera por su efecto. Pero es evidente que solo te estás envenenando tú. La amargura, el remordimiento y el enojo, que se agitan dentro de ti, emponzoñan tus pensamientos, dominan tus emociones, te distraen de vivir tu destino y arriesgan tus relaciones.

**NEGARSE A PERDONAR ES COMO TOMAR VENENO Y ESPERAR QUE LA OTRA PERSONA MUERA POR SU EFECTO.**

Tú no puedes cambiar lo que te sucedió ni cambiar a la persona que lo hizo. Solo puedes cambiar tú mismo y tu respuesta a la ofensa, de modo que este debe ser tu enfoque.

Un día, mientras manejaba mi auto, otro conductor chocó contra mí ¡y después se alejó a toda velocidad! Mi auto quedó bastante abollado. Comparado con el gran esquema de la vida, era cosa menor, pero fue un verdadero reto para mí. Cada vez que veía mi auto abollado, me sentía frustrado, impotente y perdido; son las emociones típicas de las víctimas de un conductor que se da a la fuga. Me horrorizaba el inconveniente de llevar mi auto a reparar y asumir el gasto, pero finalmente lo tuve que hacer.

No había hecho nada para merecer el daño y hacía tiempo que el otro conductor había desaparecido. Pero si dejaba mi auto abollado, siempre recordaría lo sucedido aquel día. Tuve que reparar el auto para dejar atrás aquella situación y seguir adelante.

La persona que lo dañó ni siquiera se disculpó. No me dio su número de licencia ni su tarjeta del seguro. Tampoco se detuvo a ver si yo estaba bien o estaba herido y necesitaba ayuda. Pero esto no tenía que ver con el ofensor, sino con mi capacidad de vivir una vida emocional sana.

El perdón unilateral no solo libera a la otra persona; también a ti.

Cuando apedreaban a Esteban, el primer mártir de la Iglesia, él ofreció perdón unilateral. Le pidió a Dios que perdonara a aquellos que lo estaban matando y oró: "¡Señor, no les tomes en cuenta este pecado!" (Hch. 7:60).

¿Cómo pudo reunir Esteban la fortaleza emocional para actuar así? El versículo 56 dice que había visto a Jesús a la diestra de Dios. Su clara visión de un futuro más prometedor y un propósito superior le empoderó para perdonar a quienes no querían ni merecían su perdón.

Jesús hizo lo mismo a una escala mucho mayor cuando colgaba de la cruz. De hecho, murió para proporcionarnos el perdón y sentar las bases para que perdonemos a otros (Ef. 4:32; Col. 3:13). Cuando nos enfocamos en lo que Cristo hizo en la cruz por nosotros, recibimos la fortaleza para perdonar a otros.

Amigo, tal vez tus ofensores no admitan nunca que se comportaron mal, por no hablar de que se disculpen. Afrontar ese hecho es clave para seguir adelante. Perdonar unilateralmente en esas situaciones impedirá que te envenenes con amargura y resentimiento.

Dios tiene un propósito para tu dolor. Nada te llega sin pasar primero por sus manos. Y si Él permite esto, puede usarlo para un bien mayor siempre que tú confíes en Él, lo busques y lo veas, como Esteban, a la diestra de Dios, exaltado sobre todo principado, potestad y autoridad. No permitas que las ofensas de otros o tu propio dolor empañen tu perspectiva de un futuro mejor y un propósito superior.

Día 13

# El perdón transaccional

Hemos analizado el perdonarnos a nosotros mismos (perdón personal) y el perdonar a quienes no nos piden perdón (perdón unilateral). Ahora consideremos qué hacer cuando el ofensor se arrepiente y busca nuestro perdón. Es el momento de conceder el *perdón transaccional*. El ofensor te ofrece una disculpa y tú le concedes tu perdón. Se produce un intercambio; es un acuerdo recíproco.

El perdón transaccional restaura algo que se ha roto. Las personas que confiesan voluntariamente y se arrepienten, *suelen* querer una reconciliación. Pero la trampa es esta: no siempre conocemos el motivo verdadero subyacente a la confesión y al arrepentimiento del ofensor. La motivación podría ser pura, y la persona estar verdaderamente arrepentida. Por otra parte, quizás el ofensor se vio descubierto e intente evitar las consecuencias.

Repasemos brevemente qué es el arrepentimiento: no solo implica decir "lo siento", sino también "cambiar de opinión" con respecto a la ofensa; verla como Dios la ve. Esto nos impulsa a abandonar el comportamiento erróneo y a adoptar la actitud correcta. Podría incluir un ofrecimiento de restitución si fuera posible o necesario. El propósito del arrepentimiento no solo es restablecer la comunión con Dios y con los demás, sino también limitar las consecuencias de la ofensa.

**EL VERDADERO ARREPENTIMIENTO PRODUCE VIDA.**

Lamentablemente, los ofensores podrían parecer arrepentidos, pero sin que se produzca un "cambio de opinión" real respecto a la ofensa, esta se volverá a repetir una y otra vez. Cuando eso sucede, la persona podría seguir diciendo "lo siento", pero solo por verse descubierta e intentar evitar las consecuencias de sus actos.

Siendo así, es importante observar que el perdón transaccional incluye dos componentes: el perdón y la reconciliación. El perdón debería concederse lo antes posible, pero la reconciliación debería ganarse mediante la demostración de un arrepentimiento y una fiabilidad verdaderos.

Por lo tanto, después de conceder el perdón transaccional, pero antes de la reconciliación, deberíamos probar el fruto del arrepentimiento. Es lo que hizo José cuando sus hermanos le pidieron perdón en Egipto. En Génesis 42:15-16, José dijo que estaba probando sus palabras para saber si eran veraces. En ese momento, sus hermanos desconocían que fuera él aquel hermano que habían calumniado y vendido como esclavo. Pero José sabía quiénes eran ellos y lo que le habían hecho hacía veintidós años. Por ello, probó sus corazones y su carácter para ver si habían cambiado o si seguían siendo los mismos.

Decir "lamento lo que hice" es bueno. Pero si esa disculpa no va acompañada por frutos de arrepentimiento, en realidad podría significar: "lamento que me hayan descubierto".

El verdadero arrepentimiento produce vida. Por ejemplo, después de que Pedro negara a Jesús tres veces, se fue y lloró, y volvió a servir a Cristo. Por el contrario, Judas solo sintió remordimiento (Mt. 27:3), y fue y se colgó.

Antes de restaurar una relación con alguien que busca tu perdón transaccional, tómate un tiempo para estar seguro de que está realmente arrepentido y no que solo siente remordimiento. ¿Se arrepintió realmente de la ofensa que cometió contra ti?

Día 14

# ORACIONES Y PRÁCTICAS

*Señor amado, mientras sigo adelante hacia la victoria a través del perdón, te pido que tu Espíritu Santo me revele las heridas enterradas en lo profundo de mi corazón, que me agobian. Muéstrame cómo he pecado para que pueda arrepentirme y perdonarme. Destapa los pecados que otros han cometido contra mí, para que pueda experimentar la libertad a través del perdón. Trae estas cosas a mi mente y a mi corazón y facúltame para afrontarlas y ocuparme de ellas como debería.*

## *Necesidades y peticiones de oración*

## *Mi propia oración*

________________________________________

________________________________________

________________________________________

________________________________________

________________________________________

________________________________________

________________________________________

## *Pasos prácticos*

1. ¿Necesitas concederle a alguien el perdón unilateral? Escribe algunos nombres y situaciones.
2. ¿Te ha pedido alguien perdón? Apunta uno o dos nombres y resume algunos pasos que puedes dar hacia el proceso de reconciliación.
3. En una ocasión distribuimos unas tarjetas entre los miembros de nuestra congregación y les pedimos a cada uno que escriba una ofensa que necesitara perdonar. Después los invitamos a pasar al frente de la iglesia, romper su tarjeta y colocar los pedazos en un cesto de basura que habíamos colocado allí. Tal vez quieras hacer algo parecido en tu casa. El proceso de romper la ofensa simboliza tu disposición a perdonar.

4. ¿Necesitas perdonarte a ti mismo por algo? En vez de escribirlo, pasa unos momentos en oración y pídele a Dios que su corazón se manifieste en el tuyo. Pídele que te revele cómo te ve —perdonado y sin condenación— y disfruta la libertad que viene de perdonarte a ti mismo.

Semana 3

# PASOS HACIA EL PERDÓN

Día 15

# Tu necesidad de perdonar

Como hemos venido descubriendo en este viaje de 30 días, nada te libera tanto para llegar a tu destino como el perdón. Por encima de todo lo demás, es lo que abre la puerta para que Dios se mueva en tu vida. Es lo que suelta su mano y abre su corazón para sacarte de donde estás y llevarte donde se supone que has de ir; y es que el perdón moldea tu carácter conforme al de Él.

Dios es santo y habita en la santidad. Cuando te niegas a amargarte por el pasado, mantienes tu alma libre del pecado de la falta de perdón. Me entusiasma que te alejes de todo lo que te frena y te agobia; que estés descubriendo la libertad y el futuro que la vida de perdón te ofrece.

Durante cuatro décadas he asesorado, según la Palabra de Dios, a personas que han afrontado circunstancias difíciles en la vida, cosas que sencillamente no eran justas. Es muy probable que el dolor que tú has experimentado pertenezca a esta categoría. Tal vez no fuera culpa tuya. Quizás fue una injusticia, y no hiciste nada para merecerlo o provocarlo.

Trabajaste fielmente para tu jefe durante veinte años y, cuando llegó la recesión, te dio las gracias junto a una carta de despido. O amaste y te dedicaste a tu esposo e hijos, y ahora él se ha marchado con una mujer más joven. O tus hijos ya son adultos y no se acuerdan de ti. O tu pronóstico médico no ha mejorado, a pesar de la oración de todos. Puede ser que tu tío, tu primo o tu vecino no admitieran lo que te hicieron y no están, ni mucho menos, arrepentidos. O nunca te recuperaste por completo de un accidente. Sea lo que sea, es muy posible que no haya sido justo.

**NADA TE LIBERA TANTO PARA LLEGAR A TU DESTINO COMO EL PERDÓN.**

Y a menos que te hayas enfrentado primero a esa verdad, el dolor que sentiste entonces permanecerá real y agudo y seguirá dictando tus emociones y tu comportamiento.

En mi experiencia de consejería, me he convencido de esta verdad simple, pero decisiva. Es la clave para caminar en victoria a través del perdón:

El dolor es dolor.

No hay jerarquía de dolor. No hay lazos para el primer clasificado de los que más sufren. En comparación contigo, los problemas de otros podrían parecerte mayores o su pérdida peor; pero eso no significa que tu dolor sea más fácil de sobrellevar ni le resta importancia al perdón. Sí, sé compasivo y empático con los que te rodean, pero sin ignorar tu propio dolor. No debes sentirte culpable de que otros hayan padecido heridas emocionales más graves.

Una manera segura de detener el fluir del perdón es comparar tu dolor al de otros. Esto te llevará, inevitablemente, a minimizar la importancia de tu propio sufrimiento. Quizás estás intentando ser "espiritual" poniendo a los demás primero, pero reconocer y aceptar tu propio dolor conduce al perdón verdadero, y te acerca más al corazón de Dios para ti.

La falta de perdón puede esconderse bajo la fachada de una buena vida cristiana. Tal vez no se manifieste en arrebatos de enojo ni en un lenguaje mezquino, pero aflorará, quizás de un modo más pasivo, como por ejemplo no ayudar a quienes sabes que lo necesitan, amar menos y gastar más o incluso recurrir al alcohol o a la comida para aliviar tu dolor.

Cualquiera que sea el caso, uno de los primeros pasos hacia el perdón es, simplemente, reconocer que necesitas perdonar, admitir que algo o alguien te lastimaron profundamente y que podría haber sido injusto.

Pasa un momento con Dios ahora mismo y pídele al Espíritu Santo que lleve tu corazón al lugar donde puedas hacerlo. Puede ser que necesites pedirle que traiga a tu mente algunas cosas que has tratado de ignorar, pero que te siguen agobiando. Si puedes, escríbelas. A veces con solo anotar las ofensas o lo que necesitas perdonar se produce una mayor consciencia de que es posible hacerlo.

Día 16

# El valor para perdonar

Una de las mayores luchas que afrontamos en nuestro camino hacia el perdón se resume en dos diminutas palabras: "por qué". ¿Por qué permitió Dios que la enfermedad se llevara a mi hijo siendo todavía pequeño? ¿Por qué acabó la relación? ¿Por qué hizo la empresa reducción de personal? o ¿Por qué ejecutó el banco la hipoteca de mi casa? ¿Por qué fulano me hizo eso cuando era solo una niña? ¿Por qué?

Dos pequeñas palabras que encierran la pregunta que ha conmovido cada corazón cuando la vida parece injusta.

Amigo, si puedes descubrir la respuesta a esta simple pregunta, estarás en el camino indicado hacia la victoria a través del perdón, porque sabrás que tu dolor tiene un propósito. La libertad puede definirse como *la liberación de una esclavitud ilegítima, que te empodera para realizar y maximizar todo aquello para lo cual fuiste creado*. Cuando no eres libre, no puedes vivir a tope la vida que Dios ha diseñado para ti. Por ello es tan importante deshacerse de la esclavitud de la falta de perdón.

Dios tiene un propósito cuando permite los

problemas y las pruebas de la vida: ayudarte a cumplir tu destino. Las luchas a las que te has enfrentado (que podrían haberte conducido a la falta de perdón) no son accidentales, aunque lo parezcan. Dios tiene un propósito en aquello que permite. Lamentablemente, solemos pasar por alto esto por centrarnos en nuestro dolor.

A través del poder del perdón puedes dignificar tus dificultades al descubrir el destino al que Dios te está guiando a través del caos. Así como el dolor del entrenamiento físico intensivo puede fortalecer a los atletas, el dolor de las pruebas y los problemas puede ayudar a los creyentes a crecer espiritualmente, si no perdemos la fe.

En Lucas 22, Jesús le dijo a Pedro que Satanás le había pedido permiso para zarandearlo como a trigo. En otras palabras, Satanás quería descolocar a Pedro. En este caso en particular, lo incitaría a pecar, y esto desmoralizaría al discípulo, a menos que fuese capaz de perdonarse a sí mismo.

**Dios es soberano, y eso significa que causa o permite todo lo que sucede.**

Satanás usa infinidad de formas de fastidiar a los seres humanos, y una de las principales es a través de los pecados que cometemos unos contra otros. Los que se perpetran en nuestra contra nos producen temor, amargura, odio y todo lo opuesto al mandamiento más importante de Dios y a nuestro más alto propósito principal: amar. El temor, la amargura y el odio pueden conducir a lo que yo llamo "pecados compuestos". Son pecados que nosotros cometemos, como por ejemplo: reacciones, mecanismos de defensa o distracciones de nuestro dolor. Nos negamos a perdonar, empeoramos las cosas ya que después nos sentimos culpables y avergonzados. Y el ciclo se repite.

Sin embargo, observa que Satanás tuvo que pedir permiso para interferir con Pedro antes de poder hacerlo. Hasta el diablo está bajo la mano soberana de Dios. No puede hacer todo lo que quiere. Nada te puede alcanzar sin pasar por la mano de Dios.

A pesar de ello nos preguntamos: ¿por qué permitió Dios que Satanás zarandeara a Pedro y a los discípulos? ¿En realidad, por qué permite que Satanás se meta con nosotros? Esta pregunta acabará por frustrarte rápidamente si no vives con la perspectiva de la soberanía de Dios.

Dios es soberano, y eso significa que causa o permite todo lo que sucede. Además, lo cause Él o lo permita, cuando todo termine, será como Él quiere que sea para los llamados según su propósito (Ro. 8:28). Para quienes, como Pedro, no han perdido la fe; esto no significa perder la salvación ni dejar de creer en Dios. Es, más bien, una referencia a tirar la toalla: escoger el odio y no el amor, el temor y no la confianza o la resistencia como medida de autoprotección en vez de rendirse. Jesús oró para que

Pedro no perdiera la fe cuando Satanás zarandeara y probara su alma. Es un principio tan importante que Jesús mismo oró por Pedro y, como resultado, no perdió la fe.

Pedro sería restaurado y lideraría la cruzada de evangelización cristiana inaugural, en la que proclamaría con valentía el nombre de Jesús que anteriormente había negado.

El objetivo principal de Dios para ti es el mismo que para Pedro: que llegues a ser un cristiano maduro y que reflejes su gloria a quienes te rodean. El método divino para llevarte a la madurez suele ser mediante las pruebas y sus enseñanzas. Con frecuencia, las pruebas incluyen ofensas que otros cometen contra ti así como las consecuencias de tus propias decisiones.

¿Por qué suceden estas cosas? La respuesta suprema está relacionada con el motivo por el cual has venido a esta tierra: cumplir tu propósito. Cuando entiendes que Dios permite las cosas que te suceden para fortalecerte, hallarás el valor para perdonar y dejar todo atrás.

Día 17

# Tu facilidad para perdonar

Tu visión del sufrimiento jugará un papel importante en tu facilidad para perdonar. Si crees que se debería evitar todo sufrimiento, te resultará más difícil perdonar a quien te provoque dolor. La teología bíblica del sufrimiento es indispensable si quieres experimentar la victoria a través del perdón.

Muchos de nosotros nos despertamos cada mañana con cargas que parecen demasiado pesadas de llevar, y la verdad es que lo son. Sin embargo, nada es demasiado difícil para Dios. Como escribió Pablo en uno de los versículos más conocidos de todos los tiempos, la clave está en nuestra relación con Él: "Todo lo puedo en Cristo que me fortalece" (Fil. 4:13).

Puede que nunca lleguemos a entender del todo por qué Dios permite el sufrimiento, pero podemos saber que nos enseña muchas cosas.

Primero, Dios puede usar el sufrimiento para atraernos a una relación más estrecha con Él. Pablo estaba haciendo la voluntad de Dios, y sin embargo se encontraba en una prisión romana. Una profunda devoción al Señor no nos exime del dolor, de las pruebas ni de las heridas causadas por los demás. Sin embargo, nos llevarán más cerca de Dios al confiar en su capacidad de fortalecernos y liberarnos.

Segundo, el sufrimiento nos enseña a ser sensibles con los que están sufriendo Si no afrontamos nunca la traición, el dolor o la pérdida, poco sabremos sobre cómo consolar y empatizar con las personas que Dios traiga a nuestra vida, incluidas las que tengan necesidades muy profundas (2 Co. 1:6).

Tercero, el sufrimiento nos enseña a tener paciencia y tolerancia, especialmente si nos acercamos más a Cristo por medio de la lectura de la Biblia, la meditación y la oración. Sin embargo, con demasiada frecuencia corremos en busca de una solución, en lugar de acercarnos más a Cristo. Preferimos no esperar en la voluntad de Dios. O peor aún, tratamos de vengarnos contra quien nos hizo sufrir.

**EL SUFRIMIENTO NOS ENSEÑA A SER SENSIBLES CON LOS QUE ESTÁN SUFRIENDO.**

En los deportes, cuando cometen una falta sobre un jugador y este se desquita, le sacan tarjeta, porque no le compete a él juzgar las infracciones. Hay otra persona en el campo para ocuparse de ello: el referí o el árbitro. De igual modo, Dios es el responsable de responder cuando te ofenden. Él declara que la venganza es suya, (Dt. 32:35; Ro. 12:19). Cuando te tomas la venganza por tu cuenta, Dios —igual que un referí— responde a tu reacción inapropiada y también a la ofensa original.

Sufrir en manos de otros puede ocasionar amargura, odio y enojo en algunos, pero puede producir gracia, compasión y amor en otros. Todo depende de cómo escojas ver tu sufrimiento y si buscas a Dios en medio de ello, confiando en su soberanía. Tu respuesta al dolor determina el beneficio que recibas del mismo.

Día 18

# El fundamento de todo perdón

A veces la vida se parece a la trigonometría, ¿verdad? Se va complicando y nada parece tener sentido. Pero si empiezas con la clara verdad de que Dios es soberano y que, en su providencia, dispone todas las cosas para alcanzar su objetivo, tienes una lente a través de la cual contemplar las complejidades que surgen y aceptarlas

Tú y yo podríamos sentir que los acontecimientos suceden al azar, pero en realidad Dios lo orquesta todo según sus planes y propósitos. La palabra "providencia" significa que Dios está al volante de la historia. Unas veces conduce por la autopista principal bajo un sol radiante y otras por callejones oscuros y escondidos. ¡Y hay ocasiones en que llegamos a pensar que está yendo en contravía por una calle de sentido único! Pero siempre conduce la historia para que llegue al destino que Él ha dispuesto.

Al ser soberano, nada toma a Dios desprevenido. Nunca dice: "¡Uy! ¡No lo vi venir!". Lo que a ti te conmociona, a Él no le sorprende. Sabía que sucedería y ha dispuesto las situaciones y los sucesos para que ayuden a bien.

En su providencia, Dios ha causado todas las cosas o ha permitido que sucedan. Esto no significa que avale el pecado. Dios aborrece el pecado y no puede pecar. Pero aun sin aprobarlo, usa el pecado de las personas (incluso cuando el instigador es Satanás y sus secuaces) para llevar a cabo sus propósitos.

> **DIOS PUEDE USAR LAS MALAS ACCIONES DE LOS DEMÁS PARA CONDUCIRTE A MAYOR LIBERTAD Y VIDA.**

Por ejemplo, las Escrituras nos dicen que Dios endureció el corazón de Faraón para poder enviar las plagas que, finalmente, llevaran al monarca a echar a los judíos de Egipto. Usó las malas intenciones de faraón para que los israelitas aprendieran a confiar en Él, mientras los guiaba hacia la tierra prometida. Dios obró con lo que existía en el corazón de faraón para cumplir su propósito de liberar a los hijos de Israel y sacarlos de Egipto.

Dios es así de poderoso y bueno. Puede usar las malas acciones de los demás para conducirte a mayor libertad y vida. Nunca dejará que tu dolor se desperdicie. Esto solo ocurre cuando escoges no perdonar, amargarte y dudar, en vez del perdón, el amor y la confianza.

En nuestra confusión podemos caer fácilmente en la tentación de no perdonar. Lo sé. Dios no siempre tiene sentido. De hecho, rara vez lo tiene en nuestra mente finita. Romanos 11:33 dice: "¡Oh profundidad de las riquezas de la sabiduría y de la ciencia de Dios! ¡Cuán insondables son sus juicios, e inescrutables sus caminos!".

No puedes buscar un mapa o diagrama en Internet que te revele los caminos de Dios ni localizar en Google o Bing señales de la "providencia de Dios" y ver los detalles intrincados de cómo hace lo que hace y qué está planeando hacer en y a través de ti.

Sus caminos son inescrutables. No te sorprendas, pues, cuando Dios no tenga sentido: no se supone que lo tenga. Sus pensamientos y sus caminos son más altos que los nuestros (Is. 55:8-9). Él es el gran Dios indescifrable, que siempre está ajustando, girando, moviendo y disponiendo lo que te ocurre a ti y en ti para llevarte allí donde Él quiere que vayas en última instancia.

Confiar en esta verdad es el fundamento de todo perdón.

Día 19

# Lo que no ves

Yo uso reloj. También llevo un teléfono que puedo sacar fácilmente de mi bolsillo para ver qué hora es, pero aun así llevo mi reloj. Y no soy el único. Mira a tu alrededor; la gente sigue comprando y usando relojes de todos los colores, estilos y tamaños. Tal vez tú también. En el gesto de levantar la muñeca y echar un vistazo al reloj hay algo con lo que muchos nos identificamos.

Algunos relojes son bastante simples. Son digitales y los números llamativos que resaltan en la pantalla son fáciles de leer. Otros relojes son más recargados. Si fueras a Suiza, la histórica capital mundial de la relojería, encontrarías miles de estos relojes de elaborados diseños, a veces a precios exorbitantes. Sin embargo, por elegantes o costosos que sean, todos los relojes funcionan básicamente de la misma manera. La persona que lleva reloj mira la parte superior de este para ver la hora.

Lo más interesante de los relojes es lo que no ves. Oculto bajo la faz del reloj se encuentra todo lo que necesita para marcar correctamente la hora. La parte visible del reloj es precisa gracias a las partes invisibles: todas esas diminutas piezas conectadas e interrelacionadas de un cierto modo giran en conjunto y exactamente en el orden adecuado y al ritmo correcto.

**DIOS ESTÁ USANDO LAS CIRCUNSTANCIAS QUE HA PERMITIDO EN TU VIDA PARA LLEVARTE DONDE NECESITAS IR.**

Lo mismo sucede con la providencia y la soberanía de Dios. En tu vida hay muchísimo más de lo que puedes ver. Si no ves más que la superficie de lo que experimentas, no puedes entender lo que está sucediendo de verdad. Ocultas bajo los acontecimientos de tu vida están las piezas interrelacionadas que Dios está entrelazando para llevarte a tu destino único.

Cuando alcanzamos a ver un atisbo detrás del telón, con frecuencia malinterpretamos lo que está ocurriendo. Por esta razón, el perdón requiere confianza y fe; algunas partes de tu vida no tienen sentido a simple vista. Podría parecer que no guardan relación entre sí y que son inútiles y hasta perjudiciales, porque no alcanzas a ver cómo está usando Dios los acontecimientos.

Sin embargo, Dios tiene un propósito para todo. Y cuando tú aceptes y confíes en esta verdad —la verdad de su soberanía sobre todas las cosas—, empezarás a ver cómo Él está usando las circunstancias que ha permitido en tu vida para llevarte donde necesitas ir.

En su providencia, Dios producirá su resultado previsto y lo hará en el momento perfecto. El perdón no se basa jamás en la vista. Implica tu fe y no solo tus sentimientos: la fe en que Dios se está moviendo a tu favor incluso en formas que no puedes ver ni entender.

Día 20

# LA SOBERANÍA DE DIOS

Si tienes un perro, es probable que también tengas una correa. Esta le concede al perro cierta libertad de movimiento, dependiendo de lo larga que sea. Sin embargo, llega un momento en el que no puede ir más allá. Si lo intenta, la correa produce resistencia y mantiene al perro dentro de los límites que tú has establecido. Básicamente, tú controlas la distancia entre él y tú.

Sé que no siempre parece ser así, pero quienes te lastiman están atados a una correa. Ya sea tu jefe, tus vecinos, tus familiares… y hasta el mismísimo Satanás. Esto se debe a que el Dios soberano controla hasta dónde pueden llegar y lo que pueden hacer. Podemos vislumbrarlo en la vida de Job. Cuando Satanás pidió permiso para probar a Job, Dios limitó hasta dónde podía llegar.

De modo que la pregunta podría ser, ¿por qué permite Dios un margen adicional al tope de la correa? Muchos de nosotros nos sentiríamos molestos con la respuesta, pero es esta: a veces Dios usa la maldad humana para realizar su propio bien.

Probablemente no era lo que querías oír. Todos luchamos para que la vida sea color de rosa. No queremos problemas ni dolor. Pero la única y extraordinaria declaración de la historia sobre este principio revela la verdad más poderosa que te libera para perdonar; es la respuesta de José a sus hermanos, que lo habían traicionado. Les dijo: "Vosotros pensasteis mal contra mí, mas Dios lo encaminó a bien, para hacer lo que vemos hoy, para mantener en vida a mucho pueblo" (Gn. 50:20).

> **SOBERANÍA SIGNIFICA QUE DIOS USA LO BUENO Y LO MALO PARA LLEVARNOS DONDE TENEMOS QUE IR.**

Quiero centrarme en la palabra "encaminó", porque revela intención. Los hermanos de José planearon hacerle daño. Se propusieron destruirlo. Disfrutaron lastimándolo. Le dijeron a Jacob, su padre, que un animal lo había matado y, así, intentaron arruinarle la vida a José y también a Jacob. En otras palabras, fue premeditado. No fue un error, un lapsus ni un impulso emocional. Fue una argucia deliberada, un engaño y odio.

Sin embargo, las acciones malvadas de los hermanos de José, destinadas a hacerle mal, son las mismas que Dios tenía previstas para bien. Los hermanos intentaron arruinar su vida, pero Dios pretendía que ese desastre condujera a José a su destino, en el momento indicado.

Soberanía significa que Dios usa lo bueno y lo malo para llevarnos donde tenemos que ir. El plan de la vida incluye maldad y justicia, lo negativo y lo positivo. Dicho de otro modo, Dios puede usar, y usará, el daño que te han hecho para llevarte a tu destino. Si se lo permites, es decir... si colaboras con Él y dejas atrás los pecados de la duda, la amargura y la falta de perdón y los remplazas por las virtudes del perdón, la gratitud y la fe.

Día 21

# ORACIONES Y PRÁCTICAS

*Amado Señor Jesús, confío en que tú estás disponiendo todas las cosas detrás del telón para mi mayor bien y para tu mayor gloria. Tengo que optar por una sola cosa: no puedo decir que confío en ti y seguir aferrado a la falta de perdón. Tú has permitido que me pase esto por una razón; por tanto, sería injusto recibir el beneficio de lo que estás haciendo y a la vez detestar el medio a través del cual lo recibo. Te ruego que me perdones por dudar de ti y por insistir en aferrarme a este espíritu de venganza y amargura. Derrama tu gracia en mí para que pueda perdonar libremente, y abre mis ojos para ver en profundidad, más allá de la superficie de mi vida, donde tú estás disponiéndolo todo para mi bien.*

## *Necesidades y peticiones de oración*

*Mi propia oración*

________________________________________

________________________________________

________________________________________

________________________________________

________________________________________

________________________________________

________________________________________

*Pasos prácticos*

1. Continúa pidiendo la bendición de Dios sobre las personas que estás procurando perdonar. Esta semana, solicítale a Dios que te revele una manera de bendecirlos aún más. Si estás concediendo perdón unilateral, o si esa persona ya no está viva, puedes seguir siendo una bendición hablando amablemente de ella.

2. Haz una lista de las cicatrices que tienes en tu vida (las cosas negativas) que Dios ha usado para bien. En la columna opuesta, escribe los resultados, las maneras como Dios te redimió y te estimuló a través de esa prueba. 3. Lleva un diario o una nota abierta en tu teléfono o tablet durante un día y apunta cada vez que pienses o hables del pasado. ¿Cuánto tiempo pasas pensando en el pasado? Por otra

parte, ¿cuánto tiempo y energía dedicas a aprovechar el hoy y aceptar un mañana más prometedor?

## Semana 4

# EVALUACIONES DEL PERDÓN

Día 22

# El ejemplo de José

La familia de Jacob fue una de las más disfuncionales de toda la Biblia. Casi desde el nacimiento de Jacob, su familia había vivido en el caos. Confabuló con su madre para robarle la bendición familiar a su hermano. Así entró en una rivalidad fraternal con su hermano quien, finalmente, terminó amenazando su vida. Tuvo doce hijos de cuatro mujeres diferentes. Su hija fue violada y sus hijos se vengaron con un asesinato en masa.

Esta familia estaba en crisis.

Tal vez conozcas a una familia plagada de caos, disfunción o confusión. Quizás creciste o vivas en una.

Sin embargo, considera Génesis 35:1 (NTV), donde leemos dos palabras importantes: "Entonces Dios". Cada vez que veas la palabra "entonces" en la Biblia, es necesario que te preguntes: ¿cuándo? En esta situación, los hijos de Jacob acababan de poner a la familia en grave peligro al atacar a toda una ciudad para vengar la violación de su hermana. Jacob sabía que su casa estaba en peligro de represalias. La crisis familiar escapaba ya de las manos. El caos no tenía solución visible.

"Entonces Dios...".

A menudo, parece que Dios no aparece hasta que las cosas están en su peor momento, porque es entonces cuando por fin le prestamos atención. Mientras pensamos que podemos manejar la situación, Él espera. Pero cuando ya desconocemos la solución, "entonces Dios...".

Dios le dijo a Jacob: "Levántate y sube a Bet-el, y quédate allí; y haz allí un altar al Dios que te apareció cuando huías de tu hermano Esaú".

Dios se había encontrado con Jacob en Bet-el hacía veinte años, como leemos en Génesis 28. Jacob había visto una escalera que conectaba el cielo y la tierra, con ángeles que subían y bajaban.

**A MENUDO PARECE QUE DIOS NO APARECE HASTA QUE LAS COSAS ESTÁN EN SU PEOR MOMENTO, PORQUE ES ENTONCES CUANDO POR FIN LE PRESTAMOS ATENCIÓN.**

¿Cuál es tu Bet-el? Bet-el es donde Dios vuelve a ser real para ti. Bet-el no es leer la Biblia solamente, sino sentir que Dios te está hablando a través de su Palabra. Bet-el es donde Dios resuelve las circunstancias de tu vida y restaura tu esperanza, y tú te preguntas por qué estuviste tan amargado todo ese tiempo. Bet-el es el lugar donde Dios se encuentra contigo en intimidad y te vuelve a colocar en el camino de tu destino.

Dios revirtió por completo las cosas en torno a Jacob. Le permitió reconciliarse con su hermano. Le devolvió su hogar. Bendijo al mundo a través de su hijo José, quien proveyó alimento durante una sequía y una hambruna internacionales.

Sin embargo, esa liberación dependía de la disposición de José a perdonar a sus hermanos por las graves ofensas cometidas contra él. Aludimos brevemente a esto la semana pasada; ahora vamos a profundizar en esta historia épica de perdón. José fue traicionado y esto incluyó elementos que vemos a menudo en las ofensas traumáticas como las trampas, el engaño, el dolor y la destrucción de una vida.

José tendría que esperar veintidós años para ver cómo esas ofensas daban lugar al plan de Dios para su vida, y este es un gran recordatorio para nosotros sobre ser pacientes. No siempre vemos lo que Dios está haciendo. Pero José mantuvo sus ojos fijos en Dios, en medio de las adversidades que afrontó —el maltrato de sus hermanos, de su jefe egipcio y de la esposa de este— y así fue capaz de caminar en victoria, a través del perdón.

Esta semana vamos a considerar las cinco maneras de evaluar la validez del perdón, todas estas ilustradas por este admirable hombre, José.

Día 23

# No divulgues la ofensa

La vida de José es una historia de intriga y sufrimiento, traición y fidelidad, hipocresía y sinceridad, riesgo y confianza... es un drama en su máxima expresión. Su vida ha inspirado películas, obras de teatro y libros. Recientemente, terminé una serie de predicaciones de tres meses sobre la vida de José. Su historia ofrece muchos ejemplos que podemos aplicar a nuestra vida; pero solo nos centraremos en algunos asuntos que aparecen, principalmente, en Génesis 45.

Este pasaje nos ofrece el vislumbre de uno de los ejemplos más impecables y completos de perdón genuino de las Escrituras. He sacado cinco maneras de evaluar el verdadero perdón. Considera cada una de ellas y aplícalas a tu situación para determinar hasta dónde has llegado en tu viaje de perdonar a quienes te han ofendido. Un recuerdo o un suceso pueden desencadenar emociones, que creías ya superadas y, antes de que te des cuenta, puedes hallarte de nuevo en la casilla de salida, luchando de nuevo con la amargura que te frenó desde un principio.

La primera evaluación se encuentra en Génesis 45:1, donde leemos: "No podía ya José contenerse delante de todos los que estaban al lado suyo, y clamó: Haced salir de mi presencia a todos". José hizo desalojar la habitación antes de confrontar a sus hermanos y darse a conocer.

**EL VERDADERO PERDÓN IMPLICA NO DIVULGAR LA OFENSA A PERSONAS NO INVOLUCRADAS.**

Sabes que te estás tomando en serio el perdón cuando dejas de meter en la situación a quienes nada tienen que ver con la ofensa. José no invitó a los egipcios a quedarse allí y observar su gran acto de perdón. Tampoco avergonzó a sus hermanos dejándolos en evidencia. No los humilló sutilmente con palabras mordaces, mientras se exaltaba frente a sus colegas y colaboradores. José trató en privado el pecado de sus hermanos contra él.

Una manera segura de saber si has perdonado de verdad es escuchar tus propias palabras. ¿Sigues murmurando sobre quienes te lastimaron? ¿Los criticas cada vez que tienes la oportunidad de hacerlo? ¿Eres reacio a hablar bien de ellos cuando surge su nombre en una conversación? ¿Todavía necesitas desahogarte? Estas acciones revelan que aún no has perdonado. Sigues aferrado al dolor y fluye de tu interior en forma de amargura y pesar.

Si necesitas perdonarte a ti mismo, ¿te haces de menos cuando estás con otras personas? Esto no es una señal de humildad, sino de falta de consideración por ti. ¿O te honras a ti mismo no repitiendo una y otra vez lo sucedido en tu mente y en tus conversaciones con otros?

El verdadero perdón implica no divulgar la ofensa a personas no involucradas. (Ten en cuenta que no incluyo aquí a un consejero confidencial, un pastor o tu cónyuge). Si pretendes exhibir la ofensa ante los demás de una forma deshonrosa, no ha habido perdón.

Día 24

# Cuidado con la transferencia

Esta es otra manera de evaluar tu progreso en el viaje del perdón: ¿Estás dispuesto y eres capaz de hacer que el ofensor se sienta bien? "Entonces dijo José a sus hermanos: Acercaos ahora a mí. Y ellos se acercaron" (Gn. 45:4).

José llamó a sus hermanos para que se acercaran a él antes de decirles lo que les tenía que decir. Cuando no has perdonado a alguien, lo quieres lejos. Si lo ves entrar donde tú estás, te vas de allí. Si se menciona su nombre en una conversación, cambias de tema o te retiras. Pero José hizo justo lo opuesto. Trató de hacer sentir cómodos a sus hermanos cuando estaban en su presencia, no ansiosos ni tensos o a la defensiva.

Recuerda que estos fueron los mismos hermanos que lo echaron a patadas de la familia, lo arrojaron a un pozo para que se pudriera allí y luego decidieron sacarle alguna ganancia y lo vendieron como esclavo. En vez de juzgarlos y rechazarlos, José les pidió que se acercaran. El verdadero perdón busca que los ofensores arrepentidos se sientan incluidos, porque ya los ha desvinculado de las ofensas que cometieron.

¿Cómo se aplica esto al perdón unilateral o al perdón transaccional cuando la reconciliación aún no ha ocurrido? Cuando los ofensores no están arrepentidos, acercarse a ellos no siempre es posible ni sabio. Deja que su arrepentimiento pase la prueba del tiempo. (Más adelante ahondaremos en esto).

¿Te cuesta hacer que algunas personas se sientan cómodas en tu presencia, incluso aquellas que no te han ofendido? Ten cuidado con la *transferencia* y la *representación*. Ambos principios se refieren a los efectos de transferir la falta de perdón.

**NO PERMITAS QUE LA TRANSFERENCIA O LA REPRESENTACIÓN ARRUINEN TUS DEMÁS RELACIONES.**

Si una joven está herida por una violación o incesto, a menudo transfiere la amargura y el enojo a otros; tal vez a los hombres que tienen un perfil similar al del ofensor (raza, edad, altura). Esto, a su vez, produce distancia o enojo en las relaciones con personas que no tienen nada que ver con la ofensa.

O si alguien te roba algo, podrías aplicar el mismo nivel de desconfianza, mediante el principio de representación, a cualquiera que tenga el mismo trasfondo u origen étnico. Recuerdo una ocasión en que un hombre me pidió prestado miles de dólares y no pudo devolvérmelos. Cada vez que lo veía, me explicaba por qué no había podido devolverme el dinero.

Después de varios años, supe que necesitaba perdonar a ese hombre y liberarlo de su deuda. No lo hice tanto para que él fuera libre, sino para poder serlo yo. Noté que en mis pensamientos surgía un patrón. Me llenaba de frustración y pesar cada vez que veía a aquel hombre (que además era miembro de la iglesia, así que lo vía regularmente), y además estaba empezando a desconfiar de todo el mundo, en particular de quienes necesitaban pedirme algo prestado. Empezaba a ver a amigos bienintencionados como representantes de ese hombre por si acaso necesitaban algo.

Si te das cuenta de que estás tratando a personas inocentes como si hubieran cometido una ofensa contra ti y no se hubieran arrepentido, pídele a Dios que te muestre la raíz del problema, que a menudo es la necesidad de perdonar a otra persona. No permitas que la transferencia o la representación arruinen tus demás relaciones.

Día 25

# AYUDA AL OFENSOR

La tercera manera de evaluar si estás en la senda del perdón se encuentra en Génesis 45:5. José les dijo a sus hermanos: "Ahora, pues, no os entristezcáis, ni os pese de haberme vendido acá". El verdadero perdón ayuda a los ofensores a perdonarse a sí mismos después de haberte pedido perdón. José podía ver que sus hermanos estaban arrepentidos de lo que habían hecho, sobre todo, cuando vieron el dolor causado a su padre. Por lo tanto, José trató de ayudarlos a perdonarse a sí mismos.

José no amontonó culpa sobre culpa. Los hermanos ya se sentían culpables por lo que habían hecho, así que no los hizo sentir aún más culpables.

Cuando un matrimonio se reconcilia después de una separación y, en particular, si uno de los cónyuges contribuyó a la ruptura por una adicción o una aventura amorosa, las expresiones verbales de perdón y reconciliación deben respaldarse con acciones congruentes. El cónyuge herido no debe usar cada nueva ocasión como una oportunidad para echarle más culpa al ofensor. No permitas que el sarcasmo o el ataque verbal envenenen tus conversaciones.

Ofrece tu amor e intimidad incondicionalmente, en vez de retenerlos. Si puedes ayudar al ofensor a perdonarse a sí mismo, estarás ganando impulso en tu camino hacia el verdadero perdón.

> **EL VERDADERO PERDÓN AYUDA A LOS OFENSORES A PERDONARSE A SÍ MISMOS DESPUÉS DE HABERTE PEDIDO PERDÓN.**

José es un claro ejemplo de esta tercera evaluación del perdón. Él ayuda a sus ofensores a perdonarse a sí mismos e incluso los alienta a hacerlo.

Este nivel de perdón solo puede ocurrir cuando recuerdas la providencia de Dios. José les dijo a sus hermanos que aquello que habían planeado para hacerle mal, Dios lo había usado para bien. En otras palabras, les dijo: "Ustedes me vendieron aquí, pero fue Dios quien me envió aquí".

Debes confiar en que el Dios soberano usa las experiencias buenas, malas y feas de tu vida si quieres alcanzar este hito en el viaje hacia el perdón. Puede que te hayan hecho mucho daño, pero Dios usará ese daño para llevarte directamente a tu destino. Cuando realmente crees y caminas en esta verdad, no sentirás la necesidad de hacer acumular más culpa sobre tus ofensores (o a aquellos que tú asocias con tus ofensores en virtud de la transferencia o la representación). Más bien, como José, sentirás el impulso de ayudar con tus palabras y tus actos a facilitar sanidad a quienes te han herido.

Día 26

# No te enredes en la venganza

Hoy estamos viendo otra manera decisiva de evaluar la validez del perdón. Aparece cuando leemos lo que José les pidió a sus hermanos que hicieran tras expresarles su perdón. "¡Vamos, apúrense! Vuelvan a la casa de mi padre y díganle: 'Así dice tu hijo José: Dios me ha hecho gobernador de todo Egipto. Ven a verme. No te demores'" (Gn. 45:9 NVI).

José quería que su padre fuera y viera que él estaba bien, y que ostentaba una posición importante; tanto que podía salvar a su familia del hambre. Así que envió a sus hermanos a compartir la buena noticia.

Es fácil pasar por alto la relevancia de la orden de José a sus hermanos. Recuerda que eran los mismos que se burlaban de los sueños y visiones de José cuando aún vivía con la familia. Los que tuvieron celos por la túnica multicolor que le había regalado su padre. Los que lo maltrataron y no tuvieron reparos en torturar y afligir a su padre.

Cuando recordamos estas cosas, podríamos

esperar que José ordenara a sus hermanos que volvieran a su casa y le confesaran a su padre todo lo que le habían hecho a él y a José. De esa manera, Jacob se enojaría con ellos y, finalmente, les daría el castigo que merecían. Pero en vez de actuar así, José protegió a sus hermanos y a su padre de más sufrimiento.

Amigo, si te aferras a la idea de la venganza —tal vez calificándolo de justicia—, estás impidiendo que Dios se haga cargo de la situación por ti. Si estás tratando de devolverle a tu ofensor lo que te ha hecho, Dios retrocederá y te dejará proceder a ti. El problema es que a ti no se te da tan bien como a Dios obrar en los ofensores. Él ejecutará su venganza solo cuando tú te hagas a un lado.

> **SI TE AFERRAS A LA IDEA DE LA VENGANZA, ESTÁS IMPIDIENDO QUE DIOS SE HAGA CARGO DE LA SITUACIÓN POR TI.**

José no buscó vengarse de lo que sus hermanos le habían hecho. Los protegió a ellos y también a su padre de que conociera la tragedia a esas alturas. Gracias a esto, Dios podría desplegar su ira sobre los hermanos de la manera que escogiera. Por ejemplo, Judá era el líder del grupo cuando echaron a José al pozo. Y Génesis 38 está enteramente dedicado a los problemas que Judá y su familia tuvieron que enfrentar. Judá perdió a sus hijos. Su nuera lo sedujo a caer en la inmoralidad y quedó embarazada de él. Toda su vida parecía derrumbarse a su alrededor.

Perdonar a alguien no significa ignorar o pasar por alto la justicia debida. Significa reconocer que solo Dios puede ver el corazón y es el único que afirma: "Mía es la venganza, yo daré el pago" (He. 10:30). El verdadero perdón no se enreda en la venganza, porque confía en que Dios pagará, y mostrará gracia y misericordia.

Día 27

# DEJA ATRÁS EL DOLOR

La quinta y última evaluación del perdón auténtico podría sorprenderte. No tiene nada que ver con la ofensa ni con el ofensor, sino contigo. Cuando has llegado a este punto del perdón en tu vida, como le ocurrió a José, sabrás que de verdad has quedado libre de la carga que una vez llevaste.

Encontramos esta evaluación en Génesis 41:50-52, donde leemos los nombres de los dos hijos que le nacieron a José en Egipto. En la cultura bíblica, los nombres se elegían según su significado y acepción. Por esta razón es tan importante notar que José llamó a su primer hijo Manasés, que significa "olvidar", y al segundo Efraín, que significa "fructificación". José estaba declarando que Dios lo ayudaba a olvidar su dolor y que Él lo había hecho fructificar, aun en medio de su aflicción.

Básicamente, Dios le devolvió a José lo que se había comido la langosta (Jl. 2:25) y mucho más. Esta no es la única vez que vemos a Dios actuar así. Considera la vida de Job: "Y bendijo Jehová el postrer estado de Job más que el primero" (Job 42:12). Dios hizo lo mismo por José: lo hizo fructificar. Recuerda que la familia de José fue la misma que, originalmente, le había hecho daño. Dios le dio una familia totalmente nueva, que le ayudó a olvidarse del dolor causado por su antigua familia. José celebró su nueva vida de libertad de su familia y las ofensas del pasado al ponerles a sus hijos nombres con un significado especial.

Ten presente que José nunca olvidó lo que le habían hecho. Lo sabemos por lo que dijo, lo que hizo y lo que sintió al ver a sus hermanos. Sin embargo, Dios le ayudó a olvidarse del dolor de lo sucedido. Tampoco olvidó la acción, pero sí del dolor. Ya no vivía bajo el peso del dolor, la amargura o la pérdida.

**PUEDES ESTAR TAN ATADO AL AYER QUE TE PIERDAS EL HOY.**

Dios también hizo fructificar a José. Lo bendijo en el mismo lugar de su antigua aflicción.

El problema con la falta de perdón es que puede mantenerte tan encerrado en el pasado que no puedas reconocer la bondad de Dios en el presente. Puedes estar tan atado al ayer que te pierdas el hoy. De hecho, esta es una de las maneras como Satanás tratar de impedir que vivas tu destino. Si Satanás puede mantenerte mirando atrás, puede impedir que avances. Pero a través del proceso del perdón, Dios ayudó a José a dejar atrás el dolor de su pasado y aceptar un futuro fructífero. Por consiguiente, José prosperó en su casa y su trabajo y, finalmente, se convirtió en una vasija por medio de la cual Dios bendijo a naciones enteras.

Si José hubiera decidido centrarse solo en él, encerrado en la prisión de la amargura y el dolor, nunca habría experimentado la cercanía que necesitaba tener con Dios para interpretar el sueño del faraón, crear un plan de productividad nacional y salvar a miles y miles de personas de una terrible agonía y de la muerte por inanición.

Dios también tiene un plan para ti. Y tu plan ha sido diseñado para darte gozo y benevolencia no solo a ti sino a otros. Sin embargo, cuando sigues atrapado bajo la carga de la falta de perdón, pierdes la oportunidad de compartir esa bendición con quienes te rodean. Tu disposición a perdonar tiene que ver con mucho más que liberarte. Está, asimismo, relacionada con tu capacidad de hacer liberar y bendecir a otros por medio de tu propósito en la vida. El perdón no excusa el dolor, sino que lo deja atrás sabiendo que el dolor fue necesario para conducirte a tu propósito.

Cuando eres capaz de perdonar plenamente y olvidar el dolor del pasado mientras aceptas el fruto de tu presente y tu futuro, habrás llegado al punto del verdadero perdón.

Día 28

# Oraciones y prácticas

*Amado Señor, a veces siento que he perdonado a alguien, pero después mis acciones o palabras revelan que todavía no he llegado allí. Gracias por ser paciente conmigo en este proceso y por recordarme que es un proceso. Ayúdame a dar pasos cada día hacia una vida de total confianza en ti y a soltar el enojo, la amargura, la duda y la confusión que a veces plagan mis pensamientos. Hazme libre para disfrutar por completo la vida que has destinado para mí y la productividad que viene de experimentar mi destino personal.*

## *Necesidades y peticiones de oración*

## *Mi propia oración*

________________________________________

________________________________________

________________________________________

________________________________________

________________________________________

________________________________________

________________________________________

## *Pasos prácticos*

1. Tómate un momento para agradecer a Dios por cada persona o suceso que Él ha permitido en tu vida para profundizar tu relación con Él y madurar espiritualmente. Agradécele que use este proceso de crecimiento para hacerte más fructífero y bendecir a otros a través de ti.

2. Elige una acción tangible que te ayude a dejar atrás el dolor asociado con ofensas que necesitas perdonar. Escríbelas en un pedacito de papel, átalas a globos de helio y suéltalos al aire. O trae esos papelitos a la iglesia y déjalos en el altar en secreto. O junta algunas piedras, asocia cada situación o persona con una de ellas y luego arrójalas a un lago o río. Busca una manera de simbolizar tu disposición a soltar la ofensa.

3. Ten gracia contigo mismo. Se paciente. El perdón es un proceso en el cual debes cambiar tus pensamientos sobre un suceso traumático o una persona difícil. Tu decisión de perdonar requerirá tiempo para ser natural y no quedar sujeta a factores que la provoquen; tus emociones necesitan aún más tiempo para ajustarse a tu decisión. Toma el perdón paso a paso. Cuando sientas que has fallado o has retrocedido, piensa: "El perdón es un proceso y llegaré allí".

# CONCLUSIÓN

Día 29

# ¡VENCE EL MAL HACIENDO EL BIEN!

Perdonar a otros o a nosotros mismos puede ser difícil. Admitir que nos cuesta perdonar a Dios puede ser aún más difícil.

Desde luego, esto no significa que Él haya hecho algo malo. No lo estamos perdonando por haber pecado, porque Él no tiene pecado. De hecho, todo lo contrario: lo "perdonamos" sin atribuirle ninguna ofensa. Afirmamos que Él es bueno y que busca lo mejor para nosotros aun cuando, en su soberanía, permita que nos lastimen.

Dios fue bueno aun cuando permitió que el diablo probara a Job con una catástrofe tras otra. Fue bueno incluso cuando le dijo a Ezequías que iba a quitarle la vida al día siguiente. Fue bueno aun cuando le dio a Pablo un aguijón en la carne. David, el hombre conforme al corazón de Dios, se refiere regularmente a las heridas que Dios le impuso.

En su soberanía, Dios conoce el propósito del dolor. Ve el tesoro en las pruebas. Conoce el final desde el principio. Pero desde nuestra perspectiva limitada, a menudo solo vemos las heridas. Y está bien admitir —como lo voy a hacer yo— que nuestras heridas pueden hacernos enojar con Dios. Esto podría no parecer muy espiritual, pero es mejor reconocer la verdad.

El principio fundamental para perdonar a Dios o para dejar atrás la amargura y el enojo cuando Él permite el dolor en nuestra vida se encuentra en Romanos 8:28. Cuando aceptas la verdad de que todas las cosas ayudan a bien a los que aman a Dios y son llamados conforme a su propósito, recibes la fortaleza y la sabiduría de ver las pruebas, las decepciones y el dolor de la vida a través de la lente de las buenas intenciones de Dios.

**En su soberanía, Dios conoce el propósito del dolor.**

Cuando aceptas que Dios ha permitido que te ocurran cosas, porque tiene algo mucho mejor para ti, puedes hallar la libertad de responder, en un espíritu de amor, a quienes te lastiman. Incluso puedes buscar su bien. "No seas vencido de lo malo, sino vence con el bien el mal" (Ro. 12:21).

Para vencer con el bien el mal, trata de orar para que Dios intervenga en el corazón de la persona que te ha herido. Usa Efesios 1:16-23 como tu oración y sustituye el nombre de la persona por la palabra "tú". Haz lo mismo con Colosenses 1:9-14.

Haz esto cada día y ora teniendo en mente estos versículos.

- "Y esta es la confianza que tenemos en él, que si pedimos alguna cosa conforme a su voluntad, él nos oye. Y si sabemos que él nos oye en cualquiera cosa que pidamos, sabemos que tenemos las peticiones que le hayamos hecho" (1 Jn. 5:14-15).
- "Porque como desciende de los cielos la lluvia y la nieve, y no vuelve allá, sino que riega la tierra, y la hace germinar y producir, y da semilla al que siembra, y pan al que come, así será mi palabra que sale de mi boca; no volverá a mí vacía, sino que hará lo que yo quiero, y será prosperada en aquello para que la envié (Is. 55:10-11).

Ora con la confianza de que Dios puede cambiar un corazón y lo hará conforme a su perfecto plan, si permaneces constante delante de Él con fe. Y aunque Él decida no hacerlo, tu corazón será transformado por medio de este acto de amorosa oración por alguien que te haya hecho daño. Ablandará tu corazón en lo que una vez estaba duro, capacitándote para amar libremente y vivir a tope tu propósito y el plan de Dios.

Día 30

# ¡SUELTA LA CUERDA DEL DOLOR!

No hace mucho pasé por mi garaje cuando me dirigía a una reunión. Me subí al auto y pulsé el control remoto para abrir la puerta, sin pensar mucho en ello.

Silencio. La puerta seguía cerrada.

Volví a pulsar el control remoto de la puerta del garaje. Pero tampoco se abrió.

Salí del auto y fui a pulsar el botón que está en la pared. Lo pulsé una y otra vez y miré la puerta del garaje, que ahora me tenía encerrado allí. Permanecía cerrada, como si no quisiera que perturbaran su letargo. Miré mi reloj y me di cuenta de que si esa puerta no se abría rápidamente, llegaría tarde. Todos los que me conocen saben que detesto llegar tarde.

Sentimientos de frustración e impotencia empezaron a crecer dentro de mí. La puerta era demasiado pesada para levantarla yo solo por mis propios medios; si no, la levantaría y saldría. El sistema de la puerta del garaje era demasiado complicado de arreglar; si no, lo arreglaría. Así que me acerqué a una etiqueta pegada junto a la puerta del garaje y encontré el teléfono del instalador. Cuando llamé, me pidió que revisara las dos luces rojas que había a cada lado de la puerta.

"¿Están alineadas?", preguntó. Me fijé y rápidamente descubrí que no lo estaban. Alguien había golpeado la cajita que contenía la luz roja del lado derecho y las dos luces ya no se comunicaban entre sí.

Me arrodillé y empujé suavemente la caja derecha hasta ponerla en su lugar. Después, volví a donde estaba el botón y lo presioné. La puerta se abrió.

Amigo, la falta de perdón es un peso demasiado pesado de levantar por uno mismo. A menudo el proceso de ser libre es demasiado profundo y complicado de entender. Como una puerta que no se abre y te impide salir, la falta de perdón te encierra dentro de ti mismo, hasta que simplemente te arrodillas delante de Aquel que mejor te conoce y alinea tu corazón, tus pensamientos y tus acciones con Él.

**LA FALTA DE PERDÓN TE ENCIERRA DENTRO DE TI MISMO.**

El pecado de otra persona podría haberte movido de tu lugar de alineación con Dios al suscitar tus propios pecados de duda, amargura, remordimiento y odio. Pero si te arrodillas delante de Dios, confiesas tus pecados (tu reacción inadecuada a lo que te sucedió) y confías en que Él es soberano y puede usar hasta lo negativo de tu vida para conducirte a tu propósito perfecto, Él te liberará. La puerta de la duda se levantará y tú llegarás a tu destino.

¿Pero qué pasa con el dolor? Aunque perdone, ¿qué hago con el dolor que todavía siento?

¿Has visto alguna vez esas campanas situadas en lo alto de los antiguos campanarios de las iglesias? Esas campanas gigantescas estaban diseñadas para que se escucharan a kilómetros de distancia. Antes de los avances tecnológicos de hoy, alguien subía al campanario y tiraba de una cuerda para hacer sonar la campana. Cada vez que sonaba, alguien estaba agarrado a la cuerda. Esa persona calculaba cuántas veces debía sonar fuerte la campana y luego tiraba de la misma esa cantidad de veces.

Sin embargo, algo sucedía cuando la persona soltaba la cuerda. Debido al impulso de su movimiento, la campana seguía sonando, aunque no tan fuerte como antes. Seguía produciendo un sonido mientras oscilaba de un lado a otro.

El dolor es muy similar a esa campana. El perdón tiene lugar cuando sueltas la cuerda, pero por el impulso de tu dolor, seguirá estando allí hasta cierto punto. Lo seguirás sintiendo cuando confrontes un factor detonante o un recordatorio de lo ocurrido. Pero después de soltarlo, lo sentirás menos. Y llegará un momento en que la campana del dolor se apaciguará. El sonido irá aminorando en tu alma y finalmente desaparecerá.

No te preocupes si la campana sigue sonando

después de haber escogido perdonar. Consuélate sabiendo que si de verdad has soltado la cuerda, la campana de tu dolor no seguirá sonando para siempre. Disminuirá. La brecha entre sus factores detonantes será cada vez mayor. Y un día, sin que te des cuenta, habrá desaparecido.

Amigo, suelta la cuerda. Es hora de ser libre.

Para ser los hombres que Dios quiere que seamos, hace falta algo más que valor, sobre todo cuando nos enfrentamos a luchas personales que nos tocan de cerca.

Basándose en las vidas de Moisés, David, José, Jonás y otros hombres de la Biblia que se enfrentaron a lo peor, Evans arranca a los hombres de su fracaso y declara "¡Basta ya!". Evans nos demuestra que las luchas a las que nos enfrentamos ayer y hoy son precisamente los instrumentos que Dios emplea para hacernos mejores hombres para el mañana.

En este libro, el doctor Tony Evans te ayudará a entender cómo activar el poder de la cruz y tener acceso a todos los beneficios, bendiciones y energía que contiene en sí misma y por medio de ella, de modo que puedas vivir la vida victoriosa y llena de poder que Dios quiere para ti.

Los lectores se embarcarán en un viaje para descubrir su vocación especial, y el trayecto incluirá: reafirmar el plan de Dios para darles un destino único, usar herramientas prácticas para identificar su misión especial de Dios y crecer en la plenitud de su destino.

Entender los planes de Dios para su reino y el papel singular que ha asignado a cada embajador nos conducirá a un futuro que brilla con esperanza.